Les trois sœurs

Théâtre

Dieudonné MUFWANKOLO MUNDEL

Dépôt légal : 2016
Bibliothèque et Archives nationales du Québec
Bibliothèque et Archives Canada
© Éditions de l'"'Érablière
C.P. 8886, succ. Centre-ville
Québec, Canada (H3C 3P8)
Droits de traduction et de reproduction réservés pour tous les pays.
Toute reproduction, même partielle, de cet ouvrage est interdite
ISBN 978-2-9814977-5-8

Les trois sœurs

Théâtre

Dieudonné MUFWANKOLO MUNDEL

Éditions de l'Érablière

PRÉFACE

Au-delà des frontières,
À travers le monde,
La femme subit !!!
La femme se tait !!!
Qui parlera à sa place ?
Ou qui mieux que la femme pourra parler et défendre la femme ?
Levons-nous,
Tous pour la paix.

Les trois sœurs brisent le silence et franchissent les limites imaginaires.

Après les guerres et les violences multiples, dans les Grands Lacs et sous d'autres cieux,
 la femme est comptée massivement parmi les morts, les violés, les esclaves sexuels, les transporteuses de lourdes charges, lors de déplacements des populations, sans compter les conséquences sanitaires ; la prévalence accrue du VIH/SIDA, les grossesses non désirées, les troubles psychiques, la stigmatisation et les fistules urovaginales.

La femme lance un cri de détresse,
Arrêtons la violence, les guerres cycliques et dévastatrices.

<u>Les trois sœurs</u>, ouvrage de l'unité, de la promotion de la culture de la paix, par l'approche genre, nous interpelle tous par la voix de son auteur DIEUDONNÉ MUFWANKOLO MUNDEL, un homme épris de paix et de bonnes pratiques genre ; un exemple à suivre…

La femme dénonce.
L'homme renonce.
Derrière les grandes persécutions se cachent de grandes bénédictions.
Que vive la paix dans le monde.

Mme SÉVÉRINE LUNTALA
Experte en Genre et Emploi

RÉSUMÉ

L'histoire se passe aux confins des frontières communes entre trois (3) pays ; là où trois femmes ont des champs contigus…

Chacune parle et toutes parlent de leurs situations : génocide, massacres, viols, humiliation, rebellions, guerres avec leurs conséquences désastreuses surtout en terme d'avenir hypothéqué…

PERSONNAGES

- *NZOMUKUNDA*
- AMANI
- NZAÏNABO
- NKUNDAMIHIGO
- MPARAMAGARA
- MURAHBAZI

DÉCOR

La scène s'ouvre sur trois femmes. Houe à la main, elles sarclent et travaillent au champ... Chacune fredonne un chant langoureux en psalmodiant.

Nzaïnabo : Eh toi Amani ; que fais-tu là sur mon champ ?

Amani : Arrête Nzaïnabo ; je ne suis pas sur ton champ ! Ne me provoque pas. Ici c'est mon terrain.

Nzaïnabo : Les limites ont été bien tracées ; toi tu cherches à grignoter quelques mètres de ma terre.

Amani : Écoute-moi celle-là ; tu n'es même pas de ma tribu, mais tu cherches toujours à grignoter sur mes limites !

Nzaïnabo : Qu'est-ce que la tribu a à voir avec nos champs ici ? Si tu veux la bagarre, tu vas l'avoir...

Nzomukunda : Hé vous deux-là, arrêtez vos disputes ridicules. Nous venons ici au risque de nos vies pour travailler et non pour nous battre.

Amani : Tu as vu Nzomukunda ; c'est elle qui m'a provoquée.

Nzaïnabo : Je ne t'ai pas provoquée ; c'est plutôt toi qui as commencé. Tu grignotes mon terrain ; tu es au-delà de la limite de ton champ.

Nzomukunda : Vous me faites rire avec vos fameuses limites ; où est-ce tracé ?

Nzaïnabo : Il y a quand même des indications ! Moi je mets une grosse pierre là, qu'elle déplace toujours.

Amani : Tu mets ta grosse pierre juste sur ta limite et l'autre partie est chez moi ; alors je la renvoie chez toi.

Nzomukunda : Vous m'étonnez beaucoup ! À supposer que la limite passe sur l'eau, où allez-vous poser votre grosse pierre ?

Amani : bonne question Nzomukunda ! Nzaïnabo va couler avec sa pierre ! Ah ah ah...

Nzaïnabo : méchante qu'elle est ; si notre ligne de démarcation passe par l'eau, Amani est capable d'empêcher les poissons de venir vers ma partie ! Ah ah ah

Amani : Et toi tu bloquerais les oiseaux pour qu'ils ne survolent pas mon champ ! Ah ah ah.

Nzomukunda : Ah ah ah... Comme c'est grotesque. Vous trouvez le temps de vous chamailler alors que nous prenons beaucoup de risques en venant ici : on peut nous tuer, nous violer...

Nzaïnabo : Tu as raison Nzomukunda ; j'ai si peur et c'est peut-être pour ça que je me défoule ainsi.

Amani : Et c'est sur moi que tu te défoules ? Tu penses que moi, je n'ai pas peur ?

Nzaïnabo : Chaque arbre et touffe d'herbe qui bougent me font frémir d'angoisse !

Amani : Oui, chaque bruit, même les chants d'oiseaux me remplissent d'effroi.

Nzomukunda : Je dois vous avouer qu'en venant ici, ce matin, j'avais l'impression d'être suivie.

Nzaïnabo : Moi aussi ! Il me semblait percevoir des ombres fugitives dans le bois.

Amani : Et moi donc ! J'entendais des bruissements intermittents d'herbes !

Nzomukunda : Vous voyez, nous partageons toutes le même sort, pourquoi alors nous disputer ?

Nzaïnabo : C'est Amani qui ne comprend rien. Elle est toujours agressive envers moi !

Amani : Tu es une pyromane qui crie au feu ! Comment oses-tu dire que je suis agressive quand c'est toi qui me provoques toujours ?

Nzomukunda : Vous le savez bien ; nos champs sont situés juste là où nos trois pays se touchent ; chacune est dans le sien, mais les limites ne sont pas toujours très nettes !

Nzainabo : Nzomukunda, tu as raison ! En plus nos frontières sont trop poreuses et perméables ; sans compter le fait qu'elles sont souvent imaginaires.

Amani : Eh oui Nzomukunda ; nos champs se touchent, mais ils sont désormais dans trois pays différents. Pourtant nos ancêtres ont toujours travaillé sur ces terres sans contraintes ni divisions.

Nzomukunda : Oui, ironie du sort ; nous avons été séparées arbitrairement, et à présent nous connaissons toutes sortes de problèmes.

Nzaïnabo : Oh moi Nzaïnabo, que n'ai-je pas subi dans mon pays ? Génocide, viol, épidémies dans des camps des déplacés... Horreur, terreur, angoisse... Nul n'était épargné : homme, femme, enfant ! Tout cela par pure haine et la soif démesurée du pouvoir !

Amani : Et moi Amani, mon pays a connu pire : des massacres, des humiliations, des viols, des vols, des rebellions, des partitions, des guerres à répétition... Homme, femme, enfant : personne n'était épargné ! Tout cela pour un bout de terre, des richesses et une parcelle de pouvoir.

Nzomukunda : Et moi donc Nzomukunda ! Qu'est-ce que je n'ai pas subi dans mon pays ! Des rébellions à répétitions avec leur cortège de tueries, pillages et viols, emportant hommes, femmes et enfants... Tout cela rien que pour la conquête du pouvoir qui, tôt ou tard, finit par passer...

Nzaïnabo : Je commence à penser que Nzomukunda a vraiment raison. En fait nous subissons les mêmes atrocités ; aussi devrions-nous être plus unies et solidaires !

Amani : Je crois rêver : est-ce Nzaïnabo qui parle ainsi : unies, solidaires ? N'est-ce pas un piège ?

Nzomukunda : Amani, ayons confiance les unes dans les autres ; c'est ainsi que nous vaincrons le mal !

Nzaïnabo : Dans le fond il n'ya rien qui nous oppose ! Nous subissons les contraintes de ceux qui nous exploitent !

Amani : Ils sèment la haine entre les peuples et les nations pour mieux les dominer…

Nzomukunda : Alors naissent les guerres et toute la désolation qu'elles entraînent !

Nzaïnabo : Tous les secteurs de la vie sont touchés : l'économie, la santé, l'éducation, etc.

Nzomukunda : Et nous en faisons les frais ; des universitaires comme nous, devons retourner à notre tradition paysanne pour survivre ! Et nos enfants n'étudient plus tranquillement !

Amani : Ils sont arrachés de leurs pupitres pour en faire des enfants-soldats !

Nzaïnabo : Et des filles mineures sont entraînées dans le bois comme esclaves sexuelles !

Nzomukunda : Se rendent-ils compte de la douleur insurmontable d'une mère dans ces cas-là ?

Amani : J'ai vu des scènes insoutenables : des blessés graves qu'on devait amputer, des épidémies de choléra dans des camps de fortune et beaucoup de cadavres jonchant des rues…

Nzomukunda : Oui dans ces camps on trouve surtout des vulnérables : vieillards, femmes et enfants, qui sont fragilisés par la précarité et la malnutrition.

Nzaïnabo : Et la prostitution, même en très bas âge, pour tenter de survivre. Mais le sida et toutes sortes d'infections les guettent…

Nzomukunda : Quelle misère humaine ! Parlons-en mes chères sœurs, parlons-en, dénonçons, ne gardons pas le silence ! Car si aujourd'hui c'est tel pays, demain ce sera un autre et ainsi de suite.

Amani : Oui, dans ce drame cyclique ce sont les femmes qui paient un lourd tribut dans leur chair, dans leur cœur et dans leur esprit… Tout cela à cause des égarements et de la folie des hommes.

Nzaïnabo : Le viol de nos jours, est utilisé comme arme de guerre pour traumatiser, démoraliser et démembrer des familles, des communautés et des populations entières qui ne savent plus se regarder en face !

Nzomukunda : Peuvent-ils comprendre, ces monstres, ces bourreaux, les conséquences cruelles proches et lointaines de ces viols surtout collectifs ?

Nzaïnabo : Malheur à nous les femmes. Qui va nous aider ? Qui va nous délivrer ? Qui va nous soigner ? Comment osent-ils, ces misérables, faire ça à leurs mères, à leurs sœurs, à leurs filles… ?

Amani : L'on entend dire que des hordes de soldats séropositifs sont larguées pour violer systématiquement des femmes qui attrapent le sida et le transmettent à leurs partenaires et à leur progéniture… C'est une technique cynique de dépeuplement des contrées entières…

Nzaïnabo : Oh, Amani, pour la première fois, je te donne totalement raison. Tout cela est terriblement affreux. Viens dans mes bras, nous sommes toutes les trois des sœurs !

Nzomukunda : Bravo, Nzaïnabo, nous devons nous unir davantage ; ainsi nous serons plus fortes pour affronter ces barbares qui nous causent des malheurs.

Amani : Nzaïnabo ma sœur, au fond de moi, j'ai toujours voulu la paix avec toi et avec tout le monde ! Tu es ma sœur.

(*Elles s'embrassent toutes*)

Nzomukunda : Je préfère une telle atmosphère d'amour entre nous ; ça me fait presque oublier notre situation précaire.

Nzaïnabo : Je vous promets mes sœurs d'être toujours solidaire avec vous dans tous ces malheurs qui nous frappent. Je vais déplacer cette pierre.

Amani : Oui chère Nzaïnabo, rien n'est plus précieux que la paix entre sœurs, voisines et amies…

(*Elles s'embrassent encore toutes les trois*).

Nzomukunda : Je suis émue…

Nzaïnabo : Pour moi c'est un masque qui tombe : celui de l'absurdité de nos querelles mesquines…

Amani : Fumons le calumet de la paix pour mieux affronter nos malheurs...

Nzomukunda : Et ils sont nombreux ! Savez-vous que chez moi on ne vaccine plus les enfants ou très rarement ; et selon une amie, le docteur Kayitesi, des maladies, jadis éradiquées, réapparaissent !

Nzaïnabo : C'est vrai ma chère ! Ma cousine, la docteure Muhigana, m'a parlé des femmes enceintes qui ne suivent plus les consultations prénatales, risquant ainsi leurs vies et celles de leurs bébés.

Amani : Le tout couronné par la destruction des hôpitaux, le manque des médicaments et surtout la marchandisation des soins par le personnel soignant ! J'en parle parfois avec une voisine, le docteur Tuliza, une chirurgienne qui soigne avec dévotion les femmes violées.

Nzomukunda : Les viols collectifs peuvent entraîner des grossesses non désirées qui souvent entraînent des troubles psychiques chez certaines femmes à cause d'un conflit interne. En plus la femme violée est très souvent et injustement rejetée par son mari, s'il vit encore, par sa famille, ce qu'il en reste, et par sa communauté, si elle est encore sur place…

Nzaïnabo : Autrement c'est l'errance et la disgrâce pour cette pauvre égarée, se sentant toujours seule même au milieu des gens, portant avec elle cet enfant, son enfant qui lui rappelle sans cesse qu'il provient d'un acte odieux qui a détruit sa vie... Elle porte en elle cette équation insoluble : comment faire cohabiter dans son cœur l'amour de l'enfant qu'elle porte et la haine envers celui qui le lui a donné !

Amani : triste sort en effet ! Dans de viols très traumatisants, certaines femmes ont des lésions graves qui laissent des séquelles irréversibles...

Nzomukunda : Non seulement les violeurs, ivres et drogués à mort, y vont à plusieurs, mais en plus ils utilisent des couteaux, des morceaux de bois, provoquant des lésions graves dans la matrice de la femme. La réparation de tels cas est extrêmement difficile.

Nzaïnabo : Vraiment trop triste... Avez-vous pensé mes chères sœurs aux vieillards qui meurent de crise cardiaque quand explosent des obus à proximité ? Et que font les malades chroniques hypertendus et diabétiques quand ils ne peuvent plus s'approvisionner en médicaments ?

Amani : Docteur Tuliza m'a parlé des enfants qui connaissent des carences en vitamines aux conséquences fâcheuses pour leur développement normal... Des mères mal nourries qui allaitent un pauvre bébé qui connaitra des problèmes de croissance, de santé et s'il survit ; qui ne pourra pas dépasser l'école primaire, en redoublant plusieurs fois. C'est trop dur...

Nzainabo : Je me souviens d'un garçon de mon quartier, Mateso, que des hommes armés ont tué. Ils ont contraint sa mère à préparer son cadavre et à le manger avec eux. Elle l'a fait par peur d'être tuée ; mais après quelque temps elle est devenue complètement folle...

Nzomukunda : Pitié mon Dieu, pitié ! Ultime douleur, comble d'absurdité ! Comment des humains peuvent-ils en arriver là ! Le diable est dans le camp... Levons-nous femmes ; crions haut et fort. Ne nous taisons pas ; ne nous taisons plus... Parlons... Nous avons marre de la guerre... C'est nous qui en payons le lourd tribut. Assez, assez des violences sexuelles ; non aux barbaries... non, non, et non, car trop c'est trop...

Nzaïnabo : Alors que faire ? Que faire pour arrêter les épidémies, le VIH/SIDA et tout ce qui dérange la santé de la population ?

Nzomukunda : Une seule chose ma chère : il faut arrêter les guerres et tout le désordre qui dérangent la vie de paisibles populations. Celles-ci ne demandent pas mieux que vaquer à leurs occupations quotidiennes...

Amani : Arrêter la haine... Arrêter de diviser des populations sœurs qui n'ont rien les unes contre les autres, mais subissent le jeu de ceux qui tirent les ficelles pour des intérêts sordides...

Nzaïnabo : Oui, mais que faut-il faire pour arrêter la guerre avec son corollaire de malheurs : la misère ; le tissu économique est détruit ; le chômage bat son plein même dans le secteur informel ; la pauvreté est généralisée... Le système éducatif est altéré... La délinquance juvénile et même sénile devient le comportement normal... Que faut-il faire mon Dieu, que faire ?...

Nzomukunda : Ma chère nous devons comprendre que tout le monde a plus à gagner avec la paix que dans des désordres inutiles... Le grand village planétaire n'a pas de place pour des conquêtes et des pillages comme dans les siècles passés... Aujourd'hui n'importe qui peut s'installer n'importe où et même acquérir la nationalité de son pays de résidence s'il le veut...

Amani : Il est plus avantageux de se conformer aux règles du commerce international pour vendre et acheter au lieu de tuer, piller, violer et asservir des populations entières...

Nzomukunda : Ya-t-il une réelle volonté d'arrêter ces guerres cycliques et dévastatrices ? Y a-t-il une réelle gouvernance pour mettre fin à ces misères intolérables ? Ceux qui tirent les ficelles dans l'ombre et en profitent devraient savoir que tôt ou tard il y aura le retour de la manivelle...

Nzaïnabo : Le diable n'est jamais reconnaissant des services qu'on lui a rendus : il finit toujours par abandonner son fidèle serviteur... N'est-il pas temps aujourd'hui de s'amender et d'arrêter ces guerres et tueries avant qu'il ne soit trop tard ?

Amani : Les populations sont incitées à la haine collective avec danger de généralisation. Et à cause d'un soi-disant nationalisme, patriotisme et que sais-je encore, nous suivons ces courants sarcastiques comme des moutons de Panurge !

Nzaïnabo : C'est bien vrai ma sœur ! Ces frontières artificielles qui séparent des tribus voire des familles, sont utilisées contre nous pour nous haïr et nous entretuer...

Amani : Vous entendrez dire : ceux-ci sont mauvais, les autres ne sont pas sérieux, ceux-là sont méchants ! Tout cela n'est que sottise ; c'est de la généralisation ! Il ya dans chaque pays des gens bien ; mais aussi hélas des pervers !

Nzomukunda : De toutes les façons la mort, la misère, les atrocités ont frappé partout dans nos pays. Les populations font toujours les frais des conflits dont elles ignorent les origines !

Amani : Et pourtant j'ai connu de vos concitoyens merveilleux ; des amis d'enfance avec lesquels nous avons étudié !

Nzaïnabo : Oui j'ai vécu avec les vôtres ; des gens formidables qui ne demandaient pas mieux qu'à rigoler et fraterniser !

Nzomukunda : Que dire de mes petits amis de vos pays, si gentils avec leur musique qui a fait la pluie et le beau temps partout en Afrique si pas ailleurs dans le monde !

Amani : Mes sœurs, que nous importe l'origine de nos tourments ; prenons les ciseaux de l'amour pour couper le fil cramoisi de la haine ! Et tout ce tumulte cessera de lui-même !

Nzaïnabo : Avec les ingrédients de la paix, assaisonnons de nouveau nos relations meurtries afin que nous puissions jouir du plat merveilleux du développement !

Nzomukunda : Que la joie et le bonheur se déversent à nouveau sur notre région, comme une pluie qui mouille nos cœurs de pierre pour les changer en cœurs de chair…

Amani : Ah mon Dieu ; c'est là notre prière : puisse ce rêve un jour devenir réalité !

Nzaïnabo : Entretemps les balles continuent à crépiter et des plans sordides sont ourdis.

Nzomukunda : Nos pays sont en deuil, car nous continuons à compter des morts… Aucun pays n'échappe à cette loi macabre et cyclique. Il ya toujours des viols, des pillages, des massacres et toutes sortes d'ignominie.

Toutes, arpentent la scène en scandant les mains levées en signe d'imprécations :

« Notre peine est trop grande ; pourquoi tant d'absurdités ? Nous devons vivre en paix, travailler dans nos champs et élever nos enfants sans nous battre comme des ennemis. Nous voulons organiser nos foyers, nous occuper de nos enfants et de nos maris et non les enterrer précocement ! »

Nzomukunda : Pourquoi nos frères les hommes se battent-ils ? Pourquoi nous entraînent-ils dans toutes ces folies meurtrières, qui ne se justifient point, entre frères et sœurs ?…

Nzaïnabo : L'humanité sort du sein de la femme… et nous voulons la paix, la joie, l'amour pour tous !… La douleur, nous l'avons déjà ressentie lors de l'enfantement… Notre effort est votre vie…

Amani : Aussi, nous femmes du monde entier, nous nous liguons pour l'instauration d'une culture de la paix dans nos régions et partout sur la terre…

(***Les trois sœurs*** *en chœur ou s'alternant phrase après phrase*)

« Plus jamais de rébellions ! Plus jamais de massacres ! Plus jamais de génocides, ni viols, ni vols ni quelque forme de barbarie primitive qui soit sur notre terre !…

Nous voulons le développement, juste mener une vie normale comme sous d'autres cieux… Au moment où l'Europe s'unit et brise les frontières, pourquoi la partition en Afrique ?... Les Lois des hommes ont détruit le monde... la Foi des femmes va le reconstruire »...

Amani : « Oh moi Amani ; si je viens me reposer sous un arbre chez vous (elle pointe du doigt ses consœurs), ce sera de la migration clandestine » !...

Nzaïnabo : « Oh moi Nzaïnabo ; si je cherche à amener de l'eau dans cette calebasse et de la nourriture dans vos champs, pour partager un repas entre sœurs, ce sera, dit-on, une fraude douanière... Est-ce comme cela qu'ont vécu nos ancêtres ? Honte à nous qui pérennisons cet état d'esprit de division et de haine viscérale qui ne se justifie point ! »

Nzomukunda : « Oh moi NZOMUKUNDA ; voulant vous serrer la main ici, il me faut d'abord aller chercher un visa ».

Toutes en chœur ou s'alternent phrase après phrase

« Et pourtant nous sommes trois sœurs, trois voisines !... Nos cœurs n'ont pas besoin de douane pour faire passer leur cargaison d'amour ! Levons-nous donc Femmes du monde entier ! Tenons-nous la main dans la main, pour que nos bras ainsi unis soient la frontière qui barre l'accès à la haine, à la guerre, aux viols et à toutes sortes d'antivaleurs ! Pour que nos âmes à l'unisson chantent l'hymne de la paix, de la joie, de l'amour et de l'excellence ! Et qu'enfin chaque être issu de la femme, quels que soient ses origines, son pays, sa couleur, son sexe, son âge…. Que tous les hommes et toutes les femmes voient s'accomplir leur grand rêve de bien-être et de BONHEUR ! »

Amani : Je vois des feuilles bouger ! Il me semble qu'il y a des gens qui nous épient ! Mon Dieu nous sommes perdues mes sœurs…

Nzomukunda : Ne nous laissons pas faire ! Nous allons nous défendre même si l'issue sera fatale, mais défendons notre dignité de femme !

Nzaïnabo : Oui mes sœurs, les houes qui servent à produire les aliments pour la vie, peuvent aussi aider à nous protéger de la mort… Oui, nous devons nous défendre s'il le faut !

Un combattant, machette à la main, apparait sur la scène ! Les trois sœurs crient et se regroupent pour mieux se défendre avec leurs houes bien levées.

Le combattant jette sa machette à terre et crie aux sœurs

De grâce mes sœurs, n'ayez pas peur ! Je ne vous veux plus aucun mal.

Amani : Parce qu'avant tu nous voulais du mal !

Nzaïnabo : Je n'ai pas confiance aux hommes ; il peut changer d'avis !

Nzomukunda : Ne bouge pas alors, pendant que je récupère ta machette !

Nzomukunda va ramasser la machette au milieu de la scène, puis dit :

Parle ; qui es-tu et que nous veux-tu ?

Le combattant : Mes sœurs, je suis un grand combattant. J'ai fait toutes les grandes guerres de mon pays. Je me suis même évadé de prison plusieurs fois. Mon nom est Nkundamihigo

Nzaïnabo : Nkundamihigo le sanguinaire ? Oh, mon Dieu nous sommes perdues mes sœurs !

Nkundamihigo : Non, pas du tout ! Restez tranquilles ! Je te suivais Nzaïnabo, pour te nuire. Je n'ai pas pu agir à cause de votre rencontre à trois. J'attendais que tu termines ton travail de champ pour t'avoir sur le chemin de retour. Et puis je me suis mis à suivre vos propos si profonds qui m'ont touché. C'est absurde ce que nous faisons : des guerres, des morts et trop de souffrance… Alors qu'avant nous vivions en paix et nous étions si bien !

Nzomukunda : Voilà un autre guerrier qui apparait ; qui peut connaitre ses intentions celui-là ?

Un guerrier apparait sur scène et aussitôt jette sa machette et dit :

Mes sœurs ; ne craignez rien ; mes intentions sont maintenant pacifiques !

Amani : Et avant que voulais-tu faire ?

Le guerrier : Je t'ai suivie Amani pour te causer du tort. Mais quand tu t'es mise à parler avec les autres dames, j'ai trouvé mon attitude absurde. Mon nom est Murahbazi. En tout cas je me rallie à Nkundamihigo pour renoncer aux atrocités… Et il a raison : avant ces tristes événements, nos populations n'avaient pas de problèmes entre elles ; il y avait des mariages, des échanges commerciaux, et nous vivions si bien ensemble…

Tous se retournent à ce moment, car un rebelle vient d'apparaitre en scène !

Nzomukunda : Voilà un troisième ; il ressemble aux rebelles de ma contrée.

(*Le **rebelle** jette sa machette à terre et s'écrie*) : Ne craignez rien les amis ; j'en ai marre de la guerre et des tueries. Dans le fond nous ne gagnons rien ; tout ce désordre a des origines étranges, si pas étrangères ; différentes des préoccupations des populations qui n'aspirent qu'à vivre en paix…. J'ai suivi moi aussi vos propos et vous avez raison. J'ai beaucoup d'amis qui sont morts et leurs familles sont en débandade à présent. Mais ceux qui commanditent ces crimes vivent tranquilles dans leurs palais avec leurs familles ! Peuples, ne nous laissons plus entraîner sans comprendre. Ils nous incitent à nous haïr sans raison.

Nzomukunda : Dis-nous d'abord ton nom et ce que tu cherchais dans le coin ?

Le Rebelle : Je suis Mparamagara, Chef d'un groupe de rebelles des zones montagneuses. Je voulais te capturer Nzomukunda, et t'emmener comme esclave dans notre repère. Mais j'abandonne toutes ces intentions macabres !

Amani : Mes sœurs, je ne comprends pas encore ce qui nous arrive ! Ces hommes sont-ils sincères quand ils prétendent rallier la bonne cause et cesser tous ces désordres et exactions ?

Nzaïnabo : Apparemment oui ; mais avec les hommes il faut toujours être prudent. Des fois on ne sait quelle mouche les pique et ils deviennent enragés comme des fous !

Nzomukunda : Ces hommes sont nés des femmes et c'est nous qui les avons éduqués ! Des circonstances perverses les conduisent à faire n'importe quoi. Mais je crois qu'ils sont sincères dans leur conversion. Je veux cependant les entendre exprimer leur repentance eux-mêmes.

(*Les trois hommes parlent à l'unisson ou à tour de rôle*) :

« Nous les hommes du monde entier, renonçons à toute forme de violence envers la femme et la jeune fille. Nous regrettons les viols, les massacres, les génocides, les vols, les pillages… Toute cette barbarie inutile ne nous a menés qu'à la ruine… Vous avez raison nos sœurs ; nous renonçons au désordre et à la désolation. »

Amani : « Nous les hommes du monde entier » ; et puis quoi encore ! Tous les hommes ne sont pas pervers. Il y en a aussi des sensés, des « genrés » qui luttent aux côtés de la femme pour son épanouissement. C'est un engagement individuel que je veux entendre. Nous les filles nous disons : « Je dénonce » et vous, vous répondez : « Je renonce ».

Les trois sœurs en chœur : « Je dénonce »

Les trois hommes en chœur : « Je renonce »

Nzomukunda : Encore !

Les trois sœurs en chœur : « Je dénonce »

Les trois hommes en chœur : « Je renonce »

Nzaïnabo : Plus fort !

Les trois sœurs en chœur : « Je dénonce »

Les trois hommes en chœur : « Je renonce »

Amani : Aux massacres, à la balkanisation, aux viols et vols de tout genre !

Les trois sœurs en chœur : « Je dénonce »

Les trois hommes en chœur : « Je renonce »

Nzomukunda : aux rébellions, aux tueries et aux troubles sociopolitiques !

Les trois sœurs en chœur : « Je dénonce »

Les trois hommes en chœur : « Je renonce »

Nzaïnabo : Aux génocides, à la haine tribale et à la soif démesurée de pouvoir !

Les trois sœurs en chœur : « Je dénonce »

Les trois hommes en chœur : « Je renonce »

Amani : À présent que chacun prenne sa concitoyenne par la main pour retourner dans leur pays et que tous nous soyons en paix dans nos pays et que nos populations respectives vivent comme jadis en toute fraternité.

Tous scandent en chœur : oui, nous voulons vivre en paix, élever tranquillement nos enfants et développer nos pays ! Qu'il en soit de même partout dans le monde pour que les peuples connaissent enfin le bonheur et le bien-être…

Chacun dit : au revoir mes sœurs ; au revoir mes frères !

Chaque homme sort tenant sa concitoyenne par la main et rentre dans leur pays !

FIN

POSTFACE

Il ne suffit pas de remporter une guerre, il faut aussi savoir gagner la paix… Derrière le rideau sombre de la haine et des peines, redécouvrir des liens oubliés de fraternité et d'amitié…

Les trois sœurs parlent aux trois frères et à toute l'humanité pour une culture de la paix…

L'homme est un véritable loup pour son prochain. Quand les passions se déchaînent, les humains sont capables de grandes atrocités, pires que toute autre espèce existant sur la terre. Les guerres détruisent tout sur leur chemin ; en un instant, en un clin d'œil, tout est dévasté… Une véritable folie…

La femme, cette compagne précieuse de l'homme, subit plus que tous la furie inhumaine de celui qui est censé la protéger. En effet l'homme est l'acteur majeur des guerres et rébellions… Hélas ! la femme vit souvent ces douleurs en silence. Il fallait donc réparer cet état de choses et donner de la voix à cet apôtre naturel de la paix qu'est la femme… En effet sa douceur, sa tendresse et sa beauté sont autant d'atouts qui militent pour la vie, la joie et la sérénité…

Puisque la femme dénonce toutes ces violences, que l'homme y renonce !

Me **Etienne LUKIANA ASIKIA**
Directeur au FONAFEN.

TABLE DES MATIÈRES

PRÉFACE 5

RÉSUMÉ 7

PERSONNAGES 9

DÉCOR 11

POSTFACE 33

TABLE DES MATIERES 35